किसने उनका दीप जलाया

(कविता-संग्रह)

किसने उनका दीप जलाया

जयप्रभा यादव

भारतीय ज्ञानपीठ

लोकोदय ग्रन्थमाला : ग्रन्थांक 1399

ISBN 978-93-87919-57-0

किसने उनका दीप जलाया

(कविता-संग्रह)

जयप्रभा यादव

प्रकाशक : **भारतीय ज्ञानपीठ**

18, इन्स्टीट्यूशनल एरिया, लोदी रोड, नयी दिल्ली-110 003

मुद्रक : आर. के. ऑफसेट, दिल्ली-32

आवरण : चन्द्रकान्त शर्मा

KISNE UNKA DEEP JALAYA
(Poetry Collection)
By Jaiprabha Yadav

Published by
Bharatiya Jnanpith
18, Institutional Area, Lodi Road, New Delhi-110 003
Ph. : 011-24698417, 24626467; 23241619 (Daryaganj)
Mob. : 9350536020; e-mail : bjnanpith@gmail.com
sales@jnanpith.net; website : www.jnanpith.net

First Edition : 2019
Price : Rs. 180

मोह हटा मस्तिष्क में, फैला ज्ञान प्रकाश।
नमन उसे जिसने दिया, उड़ने को आकाश॥

प्रथम पुष्प....उस चितेरे को...
:: जिसकी मैं स्वयमेव कृति हूँ। ::

भूमिका

सुहृदवर, कविता हृदय को आन्दोलित करने वाला वह रसासिक्त मार्मिक मन्थन है जो अपनी शाब्दिक कमनीयता से पाठक को प्रणय, करुणा, पीड़ा, प्रतिशोध, ओज आदि मनोभावों के साथ-साथ प्रकृति के रंग भरे रम्य उद्यानों से लेकर उसकी विद्रूपता भरी विभीषिकाओं का दर्शन ही नहीं कराती वरन् अपनी व्यंजनाओं व रूपकों के माध्यम से जीवन की जीवन्तता का सकारात्मक सन्देश भी देती है। यह कवयित्री की कोमल कल्पनाओं का वह नीड़ है, जहाँ उसके स्वप्न पलते हैं। सृष्टि को सुन्दरतम् अवस्था में देखने का व्यामोह निशीथ में भी उसे सोने नही देता और उस द्राक्षापाक काव्य सृजन की ओर प्रेरित करता है, जिसमें जीवन की सभी आनन्दमयी अनुभूतियों के साथ-साथ समग्र रसों का निर्झर अजस्र रूप से बहता हुआ मानव को मानव बने रहने का सन्देश देता है।

आवेग से आन्दोलित हृदय ने सच्चे मन से वही गीत गाये हैं, जो इन नयनों ने इस धरातल के रंगमंच पर मानवीय चरित्रों की भिन्न-भिन्न नाट्यकलाओं में देखे हैं। इस तूलिका ने सतरंगी तिनकों से वही नीड़ उकेरा है, जो अन्तस् के चिरौंटे ने बिना थके अपनी गौरैया के लिये रसालों और मधूकों का कानन न मिला तो करीलों पर ही एक-एक तिनका सहेजकर उलटा लटक-लटक कर बनाया है, इसमें उसके स्वप्न बुन रहे हैं। किसी कोने में उस कठोर आवरण से निकलते शिशुओं की बन्द आँखें, खुली चोंच हैं, नन्हें-नन्हें पंखों की नन्हीं-नन्हीं उड़ानें हैं, घनी रात के बाद की आशाभरी प्रभात है। ऐसा इसलिये कह रही हूँ क्योंकि मेरे गीतों का इन नीड़ों से गहरा नाता है, अतीत से हार्दिक सरोकार हैं और वर्तमान को सँजोते हुए भावी भारत की सुखद तस्वीर है।

मानस की नभगंगा की तटवर्ती शिला पर बैठकर चिन्तन करते समय यह अप्रतिहत भाव सर्वदा सचेतन बना रहा कि विज्ञान चाहे जितनी प्रगति कर ले, कितने ही

कटु यथार्थों की परत दर परत उधेड़कर रख दे, ब्रह्माण्ड के कितने ही रहस्यों को सुलझाकर जीवन की उड़ानों को सुविधासम्पन्न बना दे किन्तु सुख व सन्तोष देने वाले भावों में उष्णता बनी ही रहनी चाहिये।

दीप सान्ध्यसुन्दरी के अलंकार हैं, आस्था के दूत हैं, आशा के अन्वेषक हैं पर इन दीपों की नियति मात्र देवाराधना व प्रिय के क्षेम तक ही न रहे वरन् वे स्वातन्त्र्य प्रेमियों, सर्वहारा व उनके मसीहाओं के आँगन को भी आलोकित करें, ऐसा मेरा अभिमत रहा है। इसी भाव को सँजोते हुये ''किसने उनका दीप जलाया'' शीर्षक रखने का निश्चय किया। इन गीतों में सर्वहारा की कसक, वेदना, प्राकृतिक विप्लव की कराह और सामाजिक विसंगति की मात्र नग्न झाँकी ही नहीं है अपितु चन्दन चीवर की समीचीनता व जगन्नियन्ता से सीधे उपालम्भ के भी लघु प्रयास हैं, पुरुरवा, दुष्यन्त, बुद्ध के साथ-साथ कृष्णप्रिया, वैदेही, दमयन्ती, शकुन्तला आदि ने भी गीतों की परिधि में अपने मन की बात कही है।

सहज शब्दों, भावों, अनुभावों के अलंकारों से अलंकृत काव्यवनिता यदि पाठक को भा जाये तो उसके दुकूल को चित्रित करने वाली तूलिका का रंग द्विगुणित हो जायेगा। अपने स्वरूप से पर्याप्त बड़ा पूर्णिमा का यह विधु अपनी ज्योतिधारा से धरणि के कण-कण को सोमपान कराते हुये झुका जा रहा है, राका के ऐसे हृदयहारी क्षणों में इस कृति को लोकार्पित करने का मन बनाया है।

—जयप्रभा यादव

अनुक्रम

शरण में ले शब्ददा

दे पराग पुनीत पद की शरण में ले शब्ददा।
सित मृणाल मदीय मानस ग्रहण कर माँ शारदा॥

दूर कर दे मदन मत्सर लय सुना माँ सप्त स्वर की।
खोल ज्ञान मयूख पुंजस् लिप्सु हूँ तेरे चरण की॥
इस प्रशीत प्रसुप्त उर में अनल भर दे अर्थदा।
सित मृणाल मदीय मानस ग्रहण कर माँ शारदा॥

गूँजती वीणा रुचिर आक्रान्त मेरा विकल अन्तस्।
भाव सुरसरि बह रही पर मिल न पाया लुप्त तेजस्॥
व्यथित जननि मराल तेरा शमन कर दे शान्तिदा।
सित मृणाल मदीय मानस ग्रहण कर माँ शारदा॥

दैन्य को कर दूर जग से मूल हर माँ मधुकरी का।
मान का हो ध्यान सबको सिखा जीने का तरीका॥
स्वर लहरियाँ छेड़कर नव प्राण भर दे प्राणदा।
सित मृणाल मदीय मानस ग्रहण कर माँ शारदा॥

किसने उनका दीप जलाया

दीप जलाये सबने घर में
किसने उनका दीप जलाया।
जो जनहित जल गये दीप बन
निज सुख जिनको रास न आया॥

प्रथम दीप उस महाबुद्ध का
जिससे हमने जीना सीखा।
विलग अन्धविश्वासों से रह
अपनों का विष पीना सीखा॥
करुणा दया विनय रख उर में
मध्यम पथ पर हमें चलाया।
दीप जलाये सबने घर में
किसने उनका दीप जलाया॥

एक दीप उन अमर प्रहरियों
का जो सीमा पर सोये हैं।
कितने इठलाते सदनों ने
अपने गृह-दीपक खोये हैं॥
अहर्निशा रखवाली करके
हमको सुख की नींद सुलाया।
दीप जलाये सबने घर में
किसने उनका दीप जलाया॥

एक दीप लिंकन का जिसने
पाटी श्वेत-श्याम की खाई।

दास प्रथा की मलिन श्रृंखला
जिन्हें कभी भी रास न आई॥
जीने का अधिकार दिलाकर
स्वयं रक्तसिन्धु में नहाया।
दीप जलाये सबने घर में
किसने उनका दीप जलाया॥

एक दीप लेनिन का जिससे
जागी पुनः प्रसुप्त जवानी।
रोम-रोम में आग लगा दी
खौल सा उठा ठहरा पानी॥
ऐसी ध्रुवता वाला राही
पलभर नहीं क्लान्त हो पाया।
दीप जलाये सबने घर में
किसने उनका दीप जलाया॥

एक दीप कल्पना चावला का
जिसकी खोजें महान् थीं।
भारत से यू.एस.ए. तक जो
तरल ज्योति देदीप्यमान थी॥
कोलम्बिया शटल में नासा के
न बची थी जिसकी काया।
दीप जलाये सबने घर में
किसने उनका दीप जलाया॥

एक दीप उस अराफात का
जीवनान्त तक हार न जानी।
लड़ी लड़ाई स्वास्तित्व की
इजरायल की बात न मानी॥
अपने ऊपर हक़ औरों का
जिसे नहीं क्षण मात्र सुहाया।
दीप जलाये सबने घर में
किसने उनका दीप जलाया॥

मैं अकिंचन सर्वहारा

मैं अकिंचन सर्वहारा।
मृदा तिनकों से बनाया था मनोहर सदन अपना।
किन्तु कोसी की कुटिलता से हुआ वह गेह सपना॥
बदलकर निज राह निकली, व्यथित को किसने निहारा।
मैं अकिंचन सर्वहारा॥

क्रुद्ध जलनिधि ने हमारी बस्तियों को सहज लीला।
कर सका कुछ पूछिए क्या? शान्त नीलाम्बर सजीला॥
पर उजड़ते हृदय को ढ़ाढ़स बँधा फिर से सँवारा।
मैं अकिंचन सर्वहारा॥

कभी पाला और ओला खेत में पड़ती दरारें।
छीन लेती ग्रास मुख का पड़ी जब-जब हिम फुहारें॥
भोर का तारा सुबह उठ पूर्व मैंने ही निहारा।
मैं अकिंचन सर्वहारा॥

रक्त चूसा बलधरों ने बात अपनी कह न पाया।
खींच ली बेटी-बहू कलपा करुण क्रन्दन मचाया॥
हम अशक्तों पर हमेशा शक्ति का चलता दुधारा।
मैं अकिंचन सर्वहारा॥

क्षुधा से पीड़ित रहा हूँ शीत से सहमा सिसकता।
हवा चाहे जो बही हो नीड़ मेरा ही उजड़ता॥
पर कभी हारे थके असहाय को मैनें न मारा।
मैं अकिंचन सर्वहारा॥

इस अधूरे से सृजन पर

साधना में मन तुम्हारा अहो क्योंकर लग न पाया,
हँस रही है सृष्टि सारी, इस अधूरे से सृजन पर?

जब धरणि में नीर ही पर्याय जीवन का बना है,
पय बिना इस प्राणधन के घिरा चहुँदिशि तम घना है॥
शत्रुता थी क्या तुम्हारी, था अभागा मात्र चातक?
छोड़कर बस स्वाति का जल, सब दिखा शोणित सना है॥
इस तरह की विषमताएँ छोड़ती दुष्छाप मन पर।
हँस रही है सृष्टि सारी, इस अधूरे से सृजन पर॥

सुना जब ऋतुराज आया पवन भी मदमय चली थी,
वृक्ष पल्लव पुहुप से परिपूर्ण थे विकसी कली थी।
सघन काँटों से घिरा था, क्या यही अभिशाप कम था?
उन करीलों की शिखाओं पर नहीं भ्रमरी मिली थी॥
कोकिलों ने भी न फेरी दृष्टि अपनी उस विजन पर।
हँस रही है सृष्टि सारी, इस अधूरे से सृजन पर॥

प्रात से गोधूलि तक है प्राणिजन की कर्मवेला,
बाँटते अपना सहज सुख-दुःख कुटुम्बों में झमेला।
क्या किए दुष्कर्म केवल क्रौंच ने ही विश्व भर में,
आनिशा अवसादमय हो झेलता क्यों दुःख अकेला?
आह क्या लगती न होगी दीन खग की नाथ तुम पर?
हँस रही है सृष्टि सारी, इस अधूरे से सृजन पर॥

शक्तिरूपा देवि कहकर नारि को गौरव दिलाया,
पूज्य परिणीता कहा अर्धांग की शोभा बताया।
किन्तु पुजवाते रहे खुद को उसे निर्बल बनाकर,
सुता भगिनी जननि का व्रत क्या पुरुष के हृदय भाया?
वंदिनी से बंदिनी तक का चला क्यों क्रम यहाँ पर?
हँस रही है सृष्टि सारी, इस अधूरे से सृजन पर॥

कैसे भूले दुष्यन्त, कहो

रजनीगन्धा का साहचर्य
कैसे भूले, दुष्यन्त कहो।

उन शान्त कण्व के आश्रम में
उफनाती सरिता का प्रवाह।
विश्रान्त लताओं के वन में
उस शमीलता की शीत दाह॥
कोमल किसलय के झुरमुट में
रह-रहकर किरणों का आना।
नयनों की भाषा नयनों ने
समझी, मन मन को पहिचाना॥
संकेत आलियों के सुनकर
जाना अब दिन का अन्त, अहो।
रजनीगन्धा का साहचर्य
कैसे भूले, दुष्यन्त कहो॥

वह मधुर छुवन मलयानिल की
नव कलिकाओं का मुस्काना।
उस लाजभरी लतिका की पलकों
का फिर-फिर से गिर जाना॥
सूखे पत्तों की सर-सर ध्वनि
शशकों का चुपके से आना।

अन्योक्तिपूर्ण सम्वादों में
कोमल भावों का तिर जाना॥
यामिनी गयी आया प्रभात
अब तो तुम उसका हाथ गहो।
रजनीगन्धा का साहचर्य
कैसे भूले, दुष्यन्त कहो॥

तुम चले गये वह उटज छोड़
प्रासादों का सुख पाने को।
स्वर्णाभा में खो जाने को
गुरुतर कर्त्तव्य निभाने को॥
देकर छोटा सा अभिज्ञान
हर लिया विशाल हृदय उसका।
यमुना में करते हुये केलि
क्या एक बार भी मन सिसका॥
हस्तिनापुरी जाते-जाते
कह जाते अब न वियोग सहो।
रजनीगन्धा का साहचर्य
कैसे भूले, दुष्यन्त कहो॥

है तेज वरुण का सा तुममें
तप-निष्ठा मीत-सहेली है।
तुम इन्द्रसखा हो जग जाने
उर्वशी गोद में खेली है॥
पर वह निश्छल मन की हिरणी
पलभर को भी इठला न सकी।
अपने उस सूने भाल बीच
कुंकुम की दीठ लगा न सकी॥
उसको अपने संग ले जाते
कहते अब व्यर्थ न प्रिये दहो।
रजनीगन्धा का साहचर्य
कैसे भूले, दुष्यन्त कहो॥

अरे कैसा तेरा व्यापार

धरित्री तेरा सुख-सौभाग्य
लुटा जाता फिर भी तू मौन।
मिटाकर अन्तर्मन से व्यथा
भूल बैठी यह भी तू कौन॥

ताज का यौवन लुटता देख
आगरा में सिसके मुमताज।
खिली वनदेवी मुरझा गयी
चतुर्दिक् दूषण का साम्राज्य॥

न कल-कल ध्वनि से उमँगे हर्ष
देखिए निर्झर रहे कराह।
समेटे लज्जा, तन्वी नदी,
बचाती, शंकित बढ़ती राह॥

न दिन में सुख निशि में बेचैन
क्षुधा से वन्य हो रहे त्रस्त।
न समझे कोई तेरी व्यथा
सभी हैं "अयं निजः" में मस्त॥

प्रकृति के परिवर्तन अवलोक
नहीं है मानव किंचित् भीत।
न करते थकता अत्याचार
तुम्हारा यह प्यारा मनमीत॥

बहाती कालिन्दी नित अश्रु
हाथ मलते असहाय कदम्ब।
भार तब भी ढोती जा रही
शेष तेरा न रहा अवलम्ब॥

दुसह होती सविता की धूप
न बहती शरत्काल की वात।
छीन बैठा मानव हे उषा!
तुम्हारा स्वर्णिम दिव्य प्रभात॥

लिप्त हैं सुख सुविधा में किन्तु
चाहते नहीं बहाना स्वेद।
शोषितों का कर शोणित पान
न होता उनको तिलभर खेद॥

धुएँ से तेरी घुटती साँस
कर दिया तार-तार तव चीर।
जलाती पराबैंगनी किरण
दिख रही तू तब भी गम्भीर॥

एक अति विलासिता में मग्न
दूसरा प्यासा क्षुधित उदास।
न दोनों में से कोई पुत्र
जननि आता पलभर को पास॥

क्लेश है ये कृशकाय शरीर
मूक है तू निज मन को मार।
दिया सब, किया न कुछ आयात
अरे कैसा तेरा व्यापार॥

न चाहूँ, रहूँ पहन कौशेय
स्वप्न में भी न रहे प्रासाद।
चाह तेरे सब व्रण भर जाएँ
फले फूले भूले अवसाद॥

सखे आया अपना ऋतुराज

सखे आया अपना ऋतुराज।
उषाकाल में मुझे जगाकर गयी कोकिला महरी।
आम्रकुंज का दिया निमन्त्रण षड्पद जिनके प्रहरी॥
नई कोपलों में मुस्काते पीत पटों को त्याग।
वट दादा की अगुवाई में वृक्ष गा रहे फाग॥
स्वागत गान गा रही लतिकाओं को आती लाज।
सखे आया अपना ऋतुराज॥

"ऋतुपति आया" यह सुन दौड़ा चातक भूला-भूला।
देख नदी की मस्ती बालाओं ने डाला झूला॥
झींगुर झिल्ली की झनकारों में आनन्द समाया।
प्रमुदित महुआ जामुन पीपल ये रसाल बौराया॥
सब रस आज अकेले नेता है इनका रसराज।
सखे आया अपना ऋतुराज॥

सरसों फूली गेंदा महका बेर-केर गदराया।
लोना-लोना रूप सलोना चना चन्द शरमाया॥
देख चाँदनी चारु मदभरी चतुर चकोरी चीखी।
तटिनी के कल-कल के आगे सागर आभा फीकी॥
झीलें देती थाप जहाँ की जाग उठी मुमताज।
सखे आया अपना ऋतुराज॥

तारुण्य का उपहार मत दे

प्रकृति ऐसे मनुज को तारुण्य का उपहार मत दे।
धरणि पर पर्यावरण के सन्तुलन का हेतु कानन।
प्राणिजन शुचि अनिल लेते जिन्दगी का सेतु कानन॥
पर न जिसकी पीढ़ियों ने एक भी पादप लगाया।
मात्र आर्थिक लाभ देखा हरित वृक्षों को कटाया॥
चीखती चटका न जिसके चित्त को पिघला सकी उस
तरुवधिक के वंश को नववंश का आधार मत दे।
प्रकृति ऐसे मनुज को तारुण्य का उपहार मत दे॥

वह अभागा सदन जिसमें सुता का कलरव न गूँजा।
पायलें छनकीं न मंगलगान से घर द्वार गूँजा॥
जिस मधुप ने हर पुहुप को वक्र चितवन से निहारा।
रूप से आकृष्ट हो सम्मान निज उर से बिसारा॥
भूल करके परिधि जननी सुता भगिनी भामिनी की
गन्ध लूटे मंजरी के शील को जो तार कर दे।
प्रकृति ऐसे मनुज को तारुण्य का उपहार मत दे॥

जिस जननि के लहू में पल यह सुघर आकार पाया।
अहर्निशि जागी उनींदी क्षीर अमृतमय पिलाया॥
जिस जनक ने पकड़ उँगली लड़खड़ाने से बचाया।
देख किलकारी पिता का सहज सुख जग समझ पाया?
बन सकें लाठी न जो वृद्धत्व में जननी-जनक की
पंगु कर दे, उन सुतों की लालसाएँ क्षार कर दे।
प्रकृति ऐसे मनुज को तारुण्य का उपहार मत दे॥

हो न पाया बोध अपना ले सके निर्णय न कोई।
चेतना चौबीस घण्टे रहे जिनकी सदा सोई॥
फूँक देते बहू अपनी रक्त में उत्कोच जिनके।
स्वेदकण टपका न भ्रमवश राष्ट्रहित में कभी उनके॥
मात्र प्रवचन गल्प भोजन शयन ही प्रिय नियति जिनकी
कौन सी आशा करें जो नाव को मँझधार कर दे।
प्रकृति ऐसे मनुज को तारुण्य का उपहार मत दे॥

बादल भरे, सागर भरे

हृदय ने जो कामना की प्राण ने भी साधना की,
तृषा मेरी कब मिटी बादल भरे, सागर भरे।

थाह पाई कब जगत् ने भावना रूपी लहर की।
मोहमाया में जलज के गति बनी बन्दी भ्रमर की॥
नदी के दोनों किनारे कब मिले उन्मुक्त होकर
विरह पावक कब बुझी आँसू झरे, निर्झर झरे।
तृषा मेरी कब मिटी बादल भरे, सागर भरे॥

त्याग हमसे हो न पाया बाँह तृष्णा की न छूटी।
कब निभे कर्तव्य सुख से अर्थ की आशा न टूटी॥
मद मदिर की गन्ध से ही हो रहा उन्मत्त ये जग,
कौन-सी चिन्ता इन्हें जननी मरे, जाता मरे।
तृषा मेरी कब मिटी बादल भरे, सागर भरे॥

कूलिनी तट के पुहुप हम जानते हैं अन्त अपना।
इन्द्रधनुषी रंग लिये पर कर रहे साकार सपना॥
कब यथार्थों के धरातल पर जिएँगे मनन कर लें,
कब हरे होंगे हृदय सावन हरे, भादों हरे।
तृषा मेरी कब मिटी बादल भरे, सागर भरे॥

नीड़ अब कैसे सजेगा

सज गया है नीड़ अपना बाज ने जो था उजाड़ा,
किन्तु अपने देश का प्रिय नीड़ अब कैसे सजेगा।

मन्द मलयानिल मनोहर जो कभी बहती रही है,
षड्पदों के हृदय को उन्मुग्ध अति करती रही है।
कल्पनाओं के नगर में कल्पना उस पवन की बस,
हो गयी उपमान उर में सुख उदधि भरती रही है॥
आपके उत्संग को भर दे महकती मंजरी से,
कौन अपनी तृप्ति तज उत्सर्ग अब ऐसा करेगा।
सज गया है नीड़ अपना बाज ने जो था उजाड़ा,
किन्तु अपने देश का प्रिय नीड़ अब कैसे सजेगा॥

जिस कली के अधर पर मुस्कान नव छाती रही है,
सुता सुख आशा लिये दाम्पत्य अपनाती रही है।
छाँव जननी जनक की तजकर गयी वर-संग ही वह,
श्रृंखला जो सात फेरों की न उलझाती रही है॥
हाथ की मेंहदी न छूटी, पाँव की पायल न टूटी,
अनल में वे जल रहीं तूफान ये कैसे रुकेगा।
सज गया है नीड़ अपना बाज ने जो था उजाड़ा,
किन्तु अपने देश का प्रिय नीड़ अब कैसे सजेगा॥

देश की आर्थिक व्यवस्था के रहे आधार हैं जो,
क्या किसी भगवान से कम अन्न के दातार हैं जो।

हाथ के पड़ते फफोलों में सदा निज छवि निहारी,
खाद पानी का न हट पाया रहा ऋणभार है जो॥
छिन गयी मुस्कान जिनकी रो रहे खलिहान जिनके,
आत्महत्या कर रहे यह कष्ट किसको चैन देगा।
सज गया है नीड़ अपना बाज ने जो था उजाड़ा,
किन्तु अपने देश का प्रिय नीड़ अब कैसे सजेगा॥

स्वागतम् तव स्वागतम्

अतिथिवर कृतकृत्य हम हैं
हृदय कहता स्वागतम्,
कुंज की कलियाँ चटककर
कह रही हैं स्वागतम्॥

देख तुमको मुदित सरसों
भी सखे मुस्का उठी,
भ्रमर गुंजन के बहाने
कह रहे हैं स्वागतम्।

पवन पागल पथिक के पट
खींच उससे कह रहा,
प्रहर भर रुक जा बटोही
स्वागतम् तव स्वागतम्।

क्रौंच कोकिल काकली
कल्लोलिनी की सहज स्वीकृति,
मौन ऋतुपति भी अचानक
कह उठा प्रिय स्वागतम्।

सुनामी लहरों का सन्देश

धरा के अन्तर्मन का द्वन्द्व,
वेदना की अन्तिम अनुभूति।
विषमयी लहरों का उन्माद,
दे गया हमको प्रलय प्रतीति॥
देख सागर का क्रोध अपार,
पवन काँपा निस्तेज दिनेश।
सुनामी लहरों का सन्देश॥

गर्जनाओं में प्रलयाभास,
सिन्धु का वह विकराल स्वरूप।
तरंगें अग्निशिखा सी तीव्र,
क्रूरतम सागर महाकुरूप॥
आह डसने को लाखों जीव,
धरा लहरों ने कालिय वेश।
सुनामी लहरों का सन्देश॥

एक ग्रह में न मिला सन्तोष,
अधिक पाने की क्रूर मरोड़।
मिला यदि जीवनशून्य शशांक,
लगी मंगल जाने की होड़॥
किया अतिक्रमण वरुण ने चाहा,
उनका भी हो विस्तृत देश।
सुनामी लहरों का सन्देश॥

तरंगित जीवन हुए प्रशान्त,
समाया उर में नव अवसाद।
खो गया अधरों का मृदुहास,
छिन गया क्षणभर में आह्लाद॥
साँस ऊपर की ऊपर रुकी,
प्रलय आई फैलाये केश।
सुनामी लहरों का सन्देश॥

प्रकृति पर आश्रित हैं जगजीव,
यही हम सबकी जीवन धाय।
न होवे इसका हृदय विदीर्ण,
करो मत तुम इतना अन्याय॥
न लूटो इसका नीर-समीर,
तुम्हें यदि चिन्ता है लवलेश।
सुनामी लहरों का सन्देश॥

अगर हम यों ही रहे अचेत,
मनाते सम्मेलन में खेद।
जलेगी धरा, जलद जलशून्य,
पनपते रहे परस्पर भेद॥
करो ये सम्मेलन दक्षेस,
न होगी धरा न तुम ही शेष।
सुनामी लहरों का सन्देश॥

मैं प्रतिपल बहती सरिता हूँ

मैं प्रतिपल बहती सरिता हूँ।
शान्ति की साँस भी ले न सकी
टकराने में जीवन गुजरा।
कटु व्यंग्य-बाण सहते-सहते
बाल्या से आई दुसह जरा॥
कंकण पत्थर की मार पड़ी
अनगिनत मधुर सन्देश सुने।
जाने कितने नवकवियों के
सुन डाले अब तक गीत नये॥
लू चलती ग्रीष्म दुपहरी की
मैं अविचल तपती सविता हूँ।
मैं प्रतिपल बहती सरिता हूँ॥

मेरे तट पर जाने कितनी
उर्वशियों का शृंगार हुआ।
पुरुरवा सरीखे वीरों का
तन मन धन सब बलिहार हुआ॥
कितनी सीताओं के लवकुश
खेले मेरे वक्षस्थल पर।
निज नेह लुटाती हुई सदा
अग्रसर रही अपने पथ पर॥
मैं रम्य वाटिका पतझड़ की
मरु विन्ध्याचल की पविता हूँ।
मैं प्रतिपल बहती सरिता हूँ॥

साथी हैं मीन मकर कच्छप
केहरि व मृगों से नाता है।
वंकिम चितवन का स्वामी वह
मृगछौना मन को भाता है॥
लेकिन पाषाण हृदय मानव
मेरे सुख को क्या पहिचाने
मारकर प्रकृतिपुत्रों को वह
अपने स्वार्थ की पूर्ति जाने
नित नई कलाएँ दिखलाती
मैं अपने शशि की नविता हूँ।
मैं प्रतिपल बहती सरिता हूँ॥

पास तेरे क्यों अँधेरा

दीप अपना आकलन कर पास तेरे क्यों अँधेरा,
केन्द्र तू आलोक का तम का हुआ कैसे बसेरा।

भार सारे विश्व का तूने उठाया शीश अपने।
पड़े छाले करों में पर कर सका कब सत्य सपने॥
खप गया यौवन जरा में जब कदम कुछ लड़खड़ाये।
छत्र-छाया में तुम्हारी जो पले क्या पास आये॥
तू सभी का मार्गदृष्टा क्यों हुआ कोई न तेरा।
दीप अपना आकलन कर पास तेरे क्यों अँधेरा॥

देह तेरी भस्म होती उर न थर्राया किसी का।
चल न पाता वश यहाँ क्यों किसी उद्धारक यती का॥
भूल जा कोरी कहावत क्यों भ्रमों की गाँठ पाले।
कौन मन की बात समझा आधुनिक प्राणी निराले॥
मनुजता के ज्योतिवाहक क्योंकि तू निर्बल कमेरा।
दीप अपना आकलन कर पास तेरे क्यों अँधेरा॥

कभी मदमय पवन तेरे सामने से भी बही थी।
कान में तेरे भ्रमर ने बात वासन्ती कही थी॥
और रिमझिम बादलों से बिंध गया तेरा हृदय था।
तू लगाता मुग्ध होने की मुहर पर कब समय था॥
रात ही देखी दुःखों की क्यों न हो पाया सवेरा।
दीप अपना आकलन कर पास तेरे क्यों अँधेरा॥

जरा–वृद्धावस्था

हृदय! तुम मुझे वहाँ ले चलो

हृदय! तुम मुझे वहाँ ले चलो।

तीर तटी के शीतल जल में जहाँ काँपती लहरें।
घिरा कुहासा घना-घना पलकों पर आकर ठहरे॥
दुनिया रह जाए न दृष्टि का विषय अम्बु हो हम हों।
जलज जन्तुओं में जीवन की गति न कहीं से कम हो॥
रहे रहस्य न कहीं, स्वयं को अब तो अधिक न छलो।
हृदय! तुम मुझे वहाँ ले चलो॥

कानन के एकान्त प्रान्त में जहाँ शीशमी छाया।
खोह कोटरों के नीड़ों में पली प्रेम की माया॥
जहाँ चिरौंटा दाना चुगकर गौरैया को देता।
ऐसा हृदहर दृश्य देह की सब थकान हर लेता॥
उनके शिशु भय से दुबके हैं अरे यहाँ से टलो।
हृदय! तुम मुझे वहाँ ले चलो॥

खेल खेलती विविध तरह के यह तितली मदमाती।
चुपके-चुपके हर कलिका के उर पर थाप लगाती॥
छूकर आती रंग चुराती गन्ध सूँघ इतराती।
कलिका से रूठे अलि को समझाती और मनाती॥
उसकी मनुहारों से षड्पद रीझ गया, मत जलो।
हृदय! तुम मुझे वहाँ ले चलो॥

रम्य हिमालय की चोटी पर निकली शुभ्र शिला हो।
दो पल उस पर बैठूँ दर्शन जीवन जहाँ मिला हो॥
जहाँ शारदा कल-कल करती करे किलोलें प्यारी।
पाँव भिगोकर छप-छप कर लूँ पालूँ निधियाँ सारी॥
अवढ़र के चरणों की रज को उठा भाल पर मलो।
हृदय! तुम मुझे वहाँ ले चलो॥

जहाँ उषा की अरुणिम आभा जग का रूप सँवारे।
बाल अर्क की राह देख रजनी की ओट निहारे॥
बन्द भुजाओं में जीवन की सारी लाज छिपाये।
उस तेजस्वी यायावर की सुधियों में मुस्काये॥
नेहनीर से भरे नयन के बिन्दु न तुम अब ढलो।
हृदय! तुम मुझे वहाँ ले चलो॥

क्रौंच मौन की भाषा पढ़ते शिशु उनके इठलाते।
लम्बे-लम्बे प्रेम पगे डग उलझ-उलझ रह जाते॥
नरम-नरम तिनकों के नीड़ों में भी आँखें रोतीं।
देख प्रात की लाली उनकी मनस्वेदना खोती॥
प्राची के आँगन में मन की आशे! खेलो पलो।
हृदय! तुम मुझे वहाँ ले चलो॥

ऐसे कहीं जिया जाता है

ऐसे कहीं जिया जाता है।
प्राण बिना हैं प्राण अधूरे, नेह तरंगों की पुलकन है।
अधरों का मित हास अधूरा अर्द्धोन्मीलित युगल नयन हैं।
यह अनुबन्ध अटूट हमारे वादों प्रतिवादों का साथी,
सहम सिसक कर ठहर ठिठक कर जग में प्रेम किया जाता है।
ऐसे कहीं जिया जाता है॥

चन्द्र कलाओं से विभोर हो मंजरियों की सेज सजाई।
देख तुम्हारी रूप माधुरी यह कोमल पाँखुरी लजाई॥
मेरे जीवन कहाँ भटकते, ढूँढ़-ढूँढ़ चातकिनी हारी,
दान दिया जीवन निधि का सखि ऐसे नहीं लिया जाता है।
ऐसे कहीं जिया जाता है॥

तुम साँसों में घुली गन्ध हो पुष्करिणी के पुलिन तुम्हारे।
हर विश्वास तुम्हारा जीता हम हारे तुम कभी न हारे॥
पंख कतरकर मुक्त कर दिया सपने किन्तु उड़ान न भूले,
रोक सको तो शीघ्र सँभालो, जग से ज्वलित दिया जाता है।
ऐसे कहीं जिया जाता है॥

मेरे जीवन की पगडण्डी पर पदचिह्न तुम्हारे होंगे।
गौरैया की चह चह होगी, प्रातः गान हमारे होंगे॥
लगता है कुछ मन-कानन के कुसुमों पर लग गयी नजर है
साँसें पास अभी तक लेकिन मेरा शोख हिया जाता है।
ऐसे कहीं जिया जाता है॥

निर्झरिणी के गीत सुनेंगे, हिम शिखरों का जल पीना है।
भरें कुलाँचें मायामृग सी, ऋषियों सा जीवन जीना है॥
अब तक भ्रम में बहुत जी लिये, अब यथार्थ पर कदम बढ़ाओ,
साँसें भाररूप होने पर अमृत नहीं पिया जाता है।
ऐसे कहीं जिया जाता है॥

सुख–दुःख में जो रहे एक सी, ऐसी दृष्टि कहाँ से लाऊँ।
फुनगी से ले जड़ तक सींचे वह समवृष्टि सहेज न पाऊँ॥
भँवरों में निज नीड़ बनाया तो फिर अब पछताना कैसा,
बार–बार व्रण को कुरेदकर बिन मरहम न सिया जाता है।
ऐसे कहीं जिया जाता है॥

चन्द्र का आना मना क्यों

गहन पावस की अमा में चन्द्र का आना मना क्यों?

गिर रहे अंगार हों कश्मीर की स्वप्निल धरा पर।
छिन रहे श्रृंगार हों दुर्दैव देवी उत्तरा पर॥
घिर रहा अभिमन्यु हों जब छल कपट के व्यूह में तो,
पार्थ का उस आत्मघाती व्यूह में जाना मना क्यों।
गहन पावस की अमा में चन्द्र का आना मना क्यों॥

तस्करों विद्रोहियों के पाश में जकड़ी मही हो।
अनवरत अनगिनत अरिदल से अथक घातें हुई हों॥
सुप्त चेतनता जगाकर आम जनता की कहो फिर,
आत्मरक्षा का हृदय में दीप जलवाना मना क्यों।
गहन पावस की अमा में चन्द्र का आना मना क्यों॥

हिन्द के नयनिपुणरक्षक अधिकतर जब अविश्वासी।
हो रहे अनगिनत घोटाले ऋणी हैं देशवासी॥
बन चुके हैं योग्यता के हर कहीं जब सरल मानक,
फिर सदन के गत्वरों को परिधि में लाना मना क्यों।
गहन पावस की अमा में चन्द्र का आना मना क्यों॥

मीत कैसे जी रहे तुम

मीत कैसे जी रहे तुम।
जन्म से ले आज तक फुटपाथ पर जीवन गुजारा।
अन्धविश्वासों भरे पथ पर मिली अज्ञान कारा॥
जिन प्रथाओं ने तुम्हारी अल्प बचतें निगल डाली,
आत्मजों को कलम कागज़ का न दे पाए सहारा॥
व्रण मिले अपमान से जो कहो कैसे सी रहे तुम।
मीत कैसे जी रहे तुम॥

हुआ अरुणोदय तुम्हारी जीविका बन प्रश्न आई।
साँझ तक श्रम किया तब परिवार हित रोटी कमाई॥
खींच लेते बहू बेटी बाहुबलियों के इशारे,
जिन्दगी में इस तरह की दीनता मुझको न भायी॥
जानते परिणाम फिर भी गरल कैसे पी रहे तुम।
मीत कैसे जी रहे तुम॥

जो मिले सन्तोष कर लो जन्मना यह सीख पाई।
बाढ़ सूखा भुखमरी तव भाग में ही तात धाई॥
क्या किए अपराध केवल सर्वहारा ने यहाँ जो,
शीत आतप से झुलसता छाँह छत की भी न पाई॥
शूलदाता को सँवारा सरल-तरह अमी रहे तुम।
मीत कैसे जी रहे तुम॥

मैं खगी निस्सीम नभ की

मैं खगी निस्सीम नभ की।
नीड़ मेरा खो गया सखि सामने सूनी दिशा है।
हो गयी गोधूलिवेला कर रही स्वागत निशा है॥
उड़ रही असहाय लेकिन कान्ति है मुख पर स्वश्रम की।
मैं खगी निस्सीम नभ की॥

मेदिनी का अंक सूना नभ मुझे अपना न पाया।
उड़ रही विश्वास आशा का लिए सुख को गँवाया॥
धूप में तपती रही हूँ चंचु सूखी तृषा जल की।
मैं खगी निस्सीम नभ की॥

मन भयातुर तन विकल है आत्मा पर भार भारी।
दुःखी अन्तस् पर चला लूँ प्रभो क्या विषमय कटारी॥
बाज आ जा थक गयी हूँ बहुत चहकी बहुत महकी।
मैं खगी निस्सीम नभ की॥

धीर बँधानी ही पड़ती है

कभी-कभी उत्कण्ठित मन को,
धीर बँधानी ही पड़ती है।

श्वासों के आँगन में प्रतिपल,
बहती न हो त्रिपथगा कलकल,
मचलें रविरश्मियाँ न चंचल,
सुखप्रद लगे न वसुधा अंचल,
जब हों घोर निराशा बादल,
तरु मन छाँव भली लगती है।
कभी-कभी उत्कण्ठित मन को,
धीर बँधानी ही पड़ती है॥

उत्पीड़न शर की नोंकों पर,
तम झंझावाती झोंकों पर,
नियति नटी दुस्तर रोकों पर,
शोक बढ़ाती हो शोकों पर,
ऐसे क्लेशद जीवन में,
रसधार बहानी ही पड़ती है।
कभी-कभी उत्कण्ठित मन को,
धीर बँधानी ही पड़ती है॥

जब इस जर्जर तन में व्रण हों,
नमक छिड़कते अपने प्रण हों,
युगों की तरह लगते क्षण हों,
भालों जैसे चुभते तृण हों,
तब वेदनातप्त मानस को,
आस दिलानी ही पड़ती है।
कभी-कभी उत्कण्ठित मन को,
धीर बँधानी ही पड़ती है।

प्राण तेरी याद आई

प्राण तेरी याद आई।
चार चरणों को सटाकर,
बालुका उन पर चढ़ाकर।
साँस रोकी हिल न जाए,
मन्द गति से पग हटाकर॥

चार नयनों की पुतलियाँ
देखतीं अपना घरौंदा,
किन्तु तब तक धार में इक,
मत्स्य ने हलचल मचाई

भीति मेरी डगमगाई।
प्राण तेरी याद आई॥

जब उठे बादल गगन में,
भाव अनगिन मधुर मन में।
भीगने मुझको भिगोने
तुम चले दिशिहीन वन में॥

सघन श्यामल बादलों का
कर रहे थे अनुगमन हम,
सिहर पाते भीगकर तन
तभी पछुवा पवन आई।

खल गयी उसकी ढ़िठाई।
प्राण तेरी याद आई॥

साथ पाने को हमारा,
तोड़ डाली नीतिकारा।
नदी के तट-तट चलेंगे,
यह हुआ निश्चय तुम्हारा॥

मध्य मग में जब कलेवर
कर उठे संकेत ऐसा,
"करें अब विश्राम साथी"
शीशमी छाया सुहाई।

बया झुककर चहचहाई।
प्राण तेरी याद आई॥

मीत निर्जन वीथिका में,
चले निशि का हाथ थामे।
ओढ़नी उलझी करीलों में,
लगे उसको छुड़ाने॥

हँस पड़ी थी जब टिटिहरी,
चौंककर झुँझला उठे थे,
खींचकर कर शूल निकला,
बूँद शोणित छलछलाई।

प्रीति लहरी सुगबुगाई।
प्राण तेरी याद आई॥

नव किरण के आगमन पर,
ज्योत्स्ना आ रही थी छन।
उषा ने जब आँख खोली,
हुए उन्मन भी सुमन बन॥

कर युगल फैला गगन में,
हम उड़े थे घुल पवन में,
लता तरु आश्रय लिए थी,
पूर्व की लाली लजाई।

रातरानी महमहाई।
प्राण तेरी याद आई॥

पोत की पंखिनी

मैं भँवर में पड़े पोत की पंखिनी।

पूर्व की लालिमा को निरख मन हुआ,
आह दाने चुगूँ तो चुगूँ मैं कहाँ।
नील अम्बर में स्वच्छन्द विचरण करूँ,
नभ धराहीन है तो उड़ूँ मैं कहाँ॥
बालरवि को विचरते रही देखती,
पंख बाँधे रही नेत्र साधे रही,
साथियों सँग चहकने की आशा गयी,
हो गयी मैं विकल नाद की शंखिनी।
मैं भँवर में पड़े पोत की पंखिनी॥

भास्कर जब धरा छोड़ आया गगन,
तीव्र उत्ताप से मैं दहकने लगी।
था चतुर्दिक् जलधि नीर पीती कहाँ,
नेत्र मुँदने लगे मैं तड़पने लगी॥
याद स्वजनों की मन में समेटे रही,
संज्ञा जाने लगी नींद आने लगी।
पर तभी प्राण संचार करने मलय
से सनी आ गयी शुचि पवन दक्खिनी॥
मैं भँवर में पड़े पोत की पंखिनी॥

छोड़कर जब चला रवि गगन का सदन,
उडुगणों संग हुआ चन्द्र का आगमन।
हो गयीं शान्त सब मेदिनी की क्रिया,
सो गये द्वीप पर्वत शिखर झील वन॥
शान्त जलनिधि की लहरें हुई बावरी,
दग्ध मन जब जले ज्वार आने लगा।
प्राणघातक भँवर पोत हिलने लगा,
आशा जीने की अब जा रही है छिनी॥
मैं भँवर में पड़े पोत की पंखिनी॥

जग की छाती भर आती है

जग की छाती भर आती है।

सहती समाज की हर ठोकर,
पति को जीवन पथ में खोकर,
जब कोई विधवा निज सुत की,
गोदी में लाश उठाती है।

तब दृष्टि क्षीण हो जाती है,
गंगा तन्वी हो जाती है।
जग की छाती भर आती है॥

जातिगत द्वेष का हो शिकार,
मानवता होती तार-तार,
जब शील हरण के बाद बालिका,
बिखरे वस्त्र उठाती है।

उसकी जननी कलपाती है,
शोणित के अश्रु बहाती है,
जग की छाती भर आती है॥

प्रति रोम-रोम का कर्ज चुका,
अपने शरीर का लहू लुटा,
सीमा पर हुए शहीद वीर
की विक्षत देह घर आती है।

माता मूर्च्छित हो जाती है,
जाता सुधि बुधि बिसराती है।
जग की छातीभर आती है॥

पाकर न घास भूसा तिनका,
जूठन से अपनी क्षुधा मिटा,
जब तृषातृप्ति हित धेनु,
हैण्डपम्पों में जीभ फिराती है।

सरिता सर ढूँढ न पाती है,
तुमको सुख नींद सताती है।
जग की छाती भर आती है॥

मन अमराई की ओर चलो

मन अमराई की ओर चलो।
वह महकी-महकी मन्द पवन महका-महका मन का आँगन।
वह छलकी-छलकी ओसभरी कलियों का छलका सा यौवन॥
कजरारे कज्जल चंचरीक का बौर-बौर पर बौराना।
मादक मतवाली बदली का बहुधा सन्ध्या को छा जाना॥
आह्वान पपीहे का सुनकर उर को मत करो कठोर, चलो।
मन अमराई की ओर चलो॥

सरवर की तरल तरंगों से भीगे-भीगे जीवन के क्षण।
कमनीय कलभ से द्वन्द्वमुक्त राजीव पत्र के मुक्ताकण॥
बौरों से आकर भौरों का बन्दी बनने को ललचाना।
वासित पराग से भरे कोष वाले अम्बुज पर मँडराना॥
मत्स्यों की केलि पुकार रही उपवन में आई भोर, चलो।
मन अमराई की ओर चलो॥

उन रम्य रसालों के वन में कितनों के सपने पलते हैं।
रजनी में झांझ मजीरों सँग रुक-रुक नक्कारे बजते हैं॥
कुछ लटक-लटककर लटके से झूले का नीड़ बनाते हैं।
कुछ फँसा-फँसाकर तिनके को साथी की सेज सजाते हैं॥
चीं-चीं सुनने को विकल चिड़ा का तन-मन हुआ विभोर चलो।
मन अमराई की ओर चलो॥

चल पड़े शिशु लड़खड़ाते

चल पड़े शिशु लड़खड़ाते।
ब्रह्म का संकेत पाकर धरणि में निज नेत्र खोले।
सामने उन्मुक्त नभ था पग अधर करकमल डोले॥
हुए आकर्षित अपरिमित रुदन करते मुस्कराते।
चल पड़े शिशु लड़खड़ाते॥

सृष्टि की नियमावली देखी हँसे कुछ गुनगुनाये।
त्याग दी सब शान्त आशाएँ तृषा के मेघ छाये॥
देखती हूँ नित्य तुमको मोहगंगा में नहाते।
चल पड़े शिशु लड़खड़ाते॥

भा गया संसार कैसे हेमआभायें घटायें।
शुभ्र शशि की ज्योत्स्नायें हरित कुंजों की छटायें॥
उषारानी के महल में भाव सुमनों को बिछाते।
चल पड़े शिशु लड़खड़ाते॥

सँभल चल रे सरल शिशु दे त्याग मिथ्या मोह माया।
शर्वरी के हृदय में कितना गरल यह जान पाया॥
जी रहे अभिशप्त जीवन भार ढोते लचक जाते।
चल पड़े शिशु लड़खड़ाते॥

हम पवन हैं गन्धवाही

हम पवन हैं गन्धवाही।
साँस छोड़ी रातरानी ने हुई मादक दिशाएँ।
भर गया आह्लाद से अन्तस् तुम्हें कैसे बतायें॥
गन्ध पाकर पूर्णिमा का विधु धरा के पास आया,
प्रणययाची मुस्कराया तोड़कर सारी प्रथाएँ,
और पा संसर्ग महका चना चंचल लोल लाही।
हम पवन हैं गन्धवाही॥

धरणि का श्रृंगार करने यहाँ हरसिंगार फूला।
मन्द झोंकों से हमारे पथिक अपना पंथ भूला॥
कौन सा झरना, झरी, जिससे महक, हैं विसुध प्राणी,
श्वेतवसना माँग सिन्दूरी निशा का पड़ा झूला।
दग्धमन को शान्त कर दें शान्त मन के रहे दाही।
हम पवन हैं गन्धवाही॥

और भी अगणित पुहुप पुष्पित हुए रजनी सजाने।
दादुरों की थाप सुन झींगुर लगे घण्टी बजाने॥
चमक आई शान्त तारों में भ्रमर का गान गूँजा,
कोश काटें कमलिनी का निकल आयें किस बहाने।
विकल ठहरी जिन्दगी को सुधा भर कर दें प्रवाही।
हम पवन हैं गन्धवाही॥

ये शलभ मन

आज जलने की न किंचित् चाह करता ये शलभमन,
बाँध नेहों का न अब हृत्पटल पर गहरा रहा है।

जलती हुई जिस ज्वाला से अति प्रेम था अनुराग था,
उस प्राप्य के हित मचलता जो जिन्दगी का भाग था,
जिस कामना के सँग भ्रमर बन कोशबन्दी शान्ति से,
करता प्रतीक्षा प्रात की कर बन्द कर्तन भ्रान्ति से,
उस ज्वाला कोश पराग पर मन दीखता उचटा हुआ सा,
गज चकोरों का सदल बल अब वहाँ लहरा रहा है।
आज जलने की न किंचित् चाह करता ये शलभमन,
बाँध नेहों का न अब हृत्पटल पर गहरा रहा है॥

सघन सुरभित लता कुंजों में मृगी ने नैन खोले,
लड़खड़ाई पुनः सँभली भर कुलाँचे पाँव तोले,
जिस तरंगिणि के पुलिन पर मचलकर अठखेलियाँ की,
किया रोमन्थन, दिखाई प्रकृति को निज अदा बाँकी,
अश्रुपूरित अक्षियों से ताकती रमणीय तट अब,
व्याघ्र विषधर और नव वनराज का पहरा वहाँ है।
आज जलने की न किंचित् चाह करता ये शलभमन,
बाँध नेहों का न अब हृत्पटल पर गहरा रहा है॥

तन्तु-तन्तु सहेज करके शिल्पियों ने बुने गैरिक,
चुभे काँटे काढ़ डाले ये सभी थे घाव ऐहिक,
इन करों से बुने गैरिक वह पुरुष धारण करेगा,
आत्मसंयम धृती होकर ऊर्जित जो जग करेगा,
किन्तु उसकी ओट में जब अनाचारी नज़र आये,
महल उनके स्वप्न का चहुँओर से भहरा रहा है।
आज जलने की न किंचित् चाह करता ये शलभमन,
बाँध नेहों का न अब हृत्पटल पर गहरा रहा है॥

रन्ध्र रन्ध्र मेरे जीवन का

रन्ध्र–रन्ध्र मेरे जीवन का गहन निशा का याम हो गया।

वृन्तों पर खिलते मुकुलों का कैसे करे समादर कोई।
नभ के सूने वातायन में प्राणवायु है खोई–खोई॥
सूख गयी जीवन की क्यारी मालाकार अधीर हो रहा।
हुआ अपावन गोमुख से खाड़ी तक सुरसरि नीर रो रहा॥
दीपक का दिनकर से दिन में करना व्यर्थ प्रणाम हो गया।
रन्ध्र–रन्ध्र मेरे जीवन का गहन निशा का याम हो गया॥

रक्तरँगी कश्मीरी चूनर कैसे सोहे माँ के तन पर।
संसद में ही नहीं कि जैसे व्रण हो उसके वक्षस्थल पर॥
कट्टरता की बलिवेदी पर चढ़े तथागत, प्रतिमा टूटी।
प्रतिमानों की वसुन्धरा की बची न एक तलहटी रूठी॥
दोषी कम निर्दोष अधिक मृत आह दुखद परिणाम हो गया।
रन्ध्र–रन्ध्र मेरे जीवन का गहन निशा का याम हो गया॥

पहुँच क्षितिज पर झूला झूलें यह अभिलाषा रही अधूरी।
छूले जलधि पूर्णिमा का विधु कल्पित साध हुई कब पूरी॥
कण–कण में दारुण पीड़ा है असहायों का दिखता मेला।
आदर्शों का प्रस्तुतकर्ता खड़ा सखे सर्वत्र अकेला॥
कष्ट! कल्पनारव में खोना ही मानव का काम हो गया।
रन्ध्र–रन्ध्र मेरे जीवन का गहन निशा का याम हो गया॥

शान्ति अहिंसा का स्थायी कहीं न अब तक बना शिवाला।
निर्धनता दीनता समेटे बन निर्मूक बड़ा मतवाला॥
अन्तस् में विद्रोही ज्वाला, कब तक रहें याचना के स्वर।
जिजीविषा की तुच्छ चाह भी क्यों न करे कोई यायावर॥
पथ पर कैसे चलें कि पथ ही क्रूर बधिक के नाम हो गया।
रन्ध्र-रन्ध्र मेरे जीवन का गहन निशा का याम हो गया॥

विचलित हुआ धरा का हृत्तल जब दुःखभरी सुनामी आई।
क्रूर थपेड़ों से सागर के जीवन्तता गयी थर्राई॥
उत्कल चक्रवात को विस्मृत कर मन कहाँ भरे किलकारी।
भुज जैसे भूकम्पों से है जो मुरझाई पुष्पित क्यारी॥
अस्त-व्यस्त सन्तुलन प्रकृति का आतंकी पर्याय हो गया।
रन्ध्र-रन्ध्र मेरे जीवन का गहन निशा का याम हो गया॥

जाने कैसे-कैसे तिनके चुनकर उसने नीड़ बनाया।
आशाओं के मृदुकानन में वृन्तों को भी मान दिलाया।
और बुने सतरंगी सपने झिल्ली की झनकार सुनी जब।
किन्तु डाल के नये नीड़ पर वक्र बाज की दृष्टि पड़ी तब॥
मधुर कल्पनाओं का आँगन आह! विधाता वाम हो गया।
रन्ध्र-रन्ध्र मेरे जीवन का गहन निशा का याम हो गया॥

जब पीड़ा आई जीवन में

जब पीड़ा आई जीवन में।
ऐसा चला समीर परिस्फुरण,
भूल गया उर-कानन मेरा।
ऐसी धधकी ज्वाला जला सब,
परिलक्षित चहुँओर अँधेरा॥
बिम्ब बिगड़ते रहे प्रकृति के,
ऐसा बिदकी दर्पण पाया।
मन की मदालापिनी कूकी,
पर मदहोश न उपवन आया॥
हृदय बुझा मठदीप बुझा था,
बुझा-बुझा था सब तृण-तृण में।
जब पीड़ा आई जीवन में॥

खोई मन-मधूक की लाली,
माला के बिखरे सब मनके।
मौन मृदंग शान्त शहनाई,
तार न हृत्वीणा के झनके॥
चित्रकार रह गया ठगा सा,
चित्राधार भित्ति भहराई।
भीगे रंग तूलिका भीगी,
भीगी वैचारिक गहराई॥
थके स्वजन थे थके स्वमन थे,
थका-थका था सब कण-कण में।

जब पीड़ा आई जीवन में॥
सूखी सुख से भरी तलैया,
यह संदेशा लाई दूती।
उड़ी पुष्परज उद्यानों से,
बची न कलिका एक अछूती॥
तट का परिचय मिला न, भँवरों
के संग घूमी टूटी द्रोणी।
केवट ने निःसंग कर दिया
घोर तमी घिर रही निगोड़ी॥
कोष रिक्त था रोष रिक्त था,
व्याप्त रिक्तता थी क्षण-क्षण में।
जब पीड़ा आई जीवन में॥

पथिक ये उच्छ्वास किसका

पथिक! यह उच्छ्वास किसका।

यह तपोवन जहाँ सरिता
साधना में लीन रहती।
और यह चपला मृगी भी
योग में तल्लीन रहती॥

यहाँ के तृण भूमि तक नत
स्वप्न में भी नहीं उद्धत।
तपः पूत कुशाग्र की भी
लचक नित्य नवीन रहती॥

सखे! बम-बम नाद में यह
नूपुरी आभास किसका।
पथिक! यह उच्छ्वास किसका॥

यह मधुर उच्छ्वास जिनके
नूपुरों की मधुर बोली।
उर बसी जो पुरुरवा के
इन्द्र के फिर संग हो ली॥

विश्व-मित्र अगत्स्य जिनके
काकुलों मे खो गये थे।
मेनका लोपा सरीखी
परी आई एक भोली॥

दीप्त तारामण्डलों में
व्याप्त आज प्रकाश जिसका।
मुने! यह उच्छ्वास उसका॥
ऋषे! यह उच्छ्वास उसका॥

लौट जाना रे बलाहक

लौट जाना रे बलाहक।

सुहृदवर घर में नहीं हैं
यामिनीपति मुस्कराता।
अभी सूना हृदय-आँगन,
मेघअरि अम्बर उड़ाता॥

दृष्टिपथ में अब तलक भी
पग न उनके दृष्टिगत हैं।
किन्तु सुधि मृगरोचना सी
महक जाती प्रीतिवश है॥

मग न रपटीला बनाना
बूँद-बूँदों से बलाहक।
लौट जाना रे बलाहक॥

जलद से आवृत्त नभ में
दामिनी के दीप जलते।
मग नहीं समुचित दिखाते
मुहुःमुहुः वे हमें छलते॥

कृष्ण पट ओढ़े हुए जो
मेघमाला आ रही है।
भीतमन में भीत तन में,
और भय उपजा रही है॥

क्रोड में रख तड़ित के सिर
गुनगुनाना रे बलाहक।
लौट जाना रे बलाहक॥

चातकी का कण्ठ जब
चूड़ान्त तक हो जाय प्यासा।
उसे वल्लरियों सहित तब
तुम दिला जाना दिलासा॥

चन्द्रलेखा से कहो कुछ
काल तक छिपकर रहे वह।
छाँव उसकी पड़ न जाए
राह में मेरे पथिक पर॥

मन्द गति अवलोक उनकी
घुमड़ जाना रे बलाहक।
लौट जाना रे बलाहक॥

वह सखा जिसको हमेशा
प्राण ही कहकर बुलाया।
राह जिसकी देखती थी
कई जन्मों बाद पाया॥

हुई हुलसित भाव कलियाँ
पुलक कर हर साज आया।
हृदय उपवन में हमारे
आज वह ऋतुराज आया॥

अब सघन जलराशि लेकर
छलक जाना रे बलाहक।
लौट आना रे बलाहक॥
फिर न जाना रे बलाहक॥

बलाहक–मेघ

इन्द्रधनुषी जाम का क्या

अश्रुओं से हो नहाए,
शान्ति मन को मिल न पाए,
उडुगणों से जड़ी ऐसी,
चन्द्रिकायुत शाम का क्या।

लूट का जब भय सताए,
हृदय निज श्रद्धा गँवाए,
भक्त रूपी वंचकों से,
घिरे चारों धाम का क्या।

काम औरों के न आए,
स्वार्थ रग-रग में समाए,
देव-देवीसम स्वरूपा,
गौरवर्णी चाम का क्या।

जब न मन का भ्रम भुलाए,
स्वप्न में भी सुख न आए,
कांचनी मादक सलोने,
इन्द्रधनुषी जाम का क्या।

क्या तुमने उसको देखा है

क्या तुमने उसको देखा है।
शुभ्र चाँदनी में बैठाकर,
पलकों में इह लोक सजाकर,
तारों के जग में ले जाकर,
जो मुझको यह बतलाता था,
साथी यह दुनिया धोखा है,
क्या तुमने उसको देखा है॥

जब-जब भानु रश्मियों को छू,
प्रभाहीन हो जाती थी भू,
ज्येष्ठ मास की तपती लू को
जो प्रायः कहता रहता था,
यह वसन्त ऋतु का झोंका है।
क्या तुमने उसको देखा है॥

नभगंगा के उस तटान्त में,
श्वेत शिला के गुह्य प्रान्त में,
उठती-गिरती हर तरंग के,
झूले पर मुझको बैठाकर,
शारद के शीतल प्रवाह में,
छप-छप करने से रोका है।
क्या तुमने उसको देखा है॥

शीशम की प्राणद छाया में,
थकी-थकी टूटी काया में,
तृषातप्त चातक को प्राय:
स्वातिनखत में दु:खी जानकर,
जिसने अपनी दृष्टि उठाकर,
छूँछी बदली को टोंका है।
क्या तुमने उसको देखा है॥

क्यों व्यथित है सृष्टिपाली

क्यों व्यथित है सृष्टिपाली।

नेत्र जब खोले धरणि पर,
जननि का मुख म्लान पाया।
और दादी ने दुःखी मन
से बुझा दीपक जलाया॥

खिलखिलाते बाँह में ले
कर न स्वागत हुआ मेरा।
दीन व्याकुल जनक के सम्
मुख हुआ सहसा अँधेरा॥

समझ थाती दूसरों की,
जा रही हूँ मैं सँभाली।
अतः व्यथिता सृष्टिपाली॥

हो न पाई पूर्ण शिक्षा,
ब्याहकर ससुराल आई।
बन गयी निःशुल्क दासी,
हो गयी सेवा कमाई॥

भ्रमों में जीती रही हूँ,
सच परखना ही न आया।
यदि कहीं कुछ समझ पाई,
क्या किसी के हृदय भाया॥

सच असच के फेर में अब,
गयी हूँ री उलझ आली।
अतः व्यथिता सृष्टिपाली॥

बालपन में पिता से डर
कर रही कब बोल पाई।
युवा मन में क्रान्ति चिनगारी,
कहीं यदि सुगबुगाई॥

दबा भावों को तभी पति
देव ने आँखें तरेरी।
जरा में बेटा सिखाए,
फेर माला मात मेरी॥

जी सकी अपने लिए कब,
बन सकी अपनी उजाली।
अतः व्यथिता सृष्टिपाली॥

आर्थिक असमानता
दयनीयता निज साथ लाई।
उषा से ले अर्द्धनिशि तक,
श्रम किया कौड़ी न पाई॥

जब पड़ी अनिवार्यता
संकोच से ही कर पसारा।
अर्थ पाया या न पाया
पर मिली अपमान कारा॥

भर गया जब मन सखे
घर से गयी बहुधा निकाली।
अतः व्यथिता सृष्टिपाली॥

धर्म ने भी नारियों पर
कस शिकंजा खूब लूटा।

सभी की सीमा नियत की,
कौन रह पाया अछूता॥

बड़ों की कहनूतियों ने
जो कसर थी करी पूरी।
धैर्यशीला तुम धरा-सी
नर बिना नारी अधूरी॥

मकर-मत्स्यों का समागम
शीत जल धारा निराली।
अतः व्यथिता सृष्टिपाली॥

देह साँचे में ढली सी
देख खिलजी रह न पाया।
बनी रजिया किन्तु सामन्ती
व्यवस्था को न भाया॥

आज भी निज मूल्य का कब
आकलन कर पा रही है।
शील को रख ताक पर,
विज्ञापनों मे छा रही है॥

वित्त को सर्वस्व समझे,
जिए जाती आम्रपाली।
अतः व्यथिता सृष्टिपाली॥

पथिक अपनी राह जाओ

पथिक अपनी राह जाओ।

इस नगर की सब बहारें
लूट ऋतुपति ले गया है।
इस जलद की सब फुहारें
लूट सावन ले गया है॥

खो गयी शोभा सभी
उद्यान सूखे इस नगर के।
हो गए पाषाण से रूखे
हृदय अब इस नगर के॥

चहचहाकर के चिरौंटा,
जहाँ साथी पंथ रोंके।
जहाँ श्लथ हो जाय यह तन
पा मलय के मन्द झोंके॥

जहाँ कलियाँ खिल रही हों,
कुटी तुम अपनी सजाओ।
पथिक अपनी राह जाओ॥

बुझ गए हैं दीप सारे
साँझ होते ही गली के।
प्रीति में जो छल गए,
भूले सखे सारे सलीके॥

जी रहे भ्रम में कि भ्रम ही,
जिन्हें जीवनदान देता।
शुष्क प्राण पराग उपवन
छीन सारे गान लेता॥

रातरानी में जहाँ पर,
नीड़ बुलबुल का बना हो।
गान कोकिल का जहाँ पर,
गूँजता सौरभसना हो॥

झुण्ड मृगियों के जहाँ हों,
बीन तुम अपनी बजाओ।
पथिक अपनी रह जाओ॥

किसकी करूँ आराधना

किसकी करूँ आराधना मैं क्यों करूँ आराधना।

जीवन कराहों से भरा,
आन्तरिक दाहों से भरा,

सूखी पड़ी सुखकूलिनी,
प्राणद पवन भी शूलिनी,

नव मेघमाला सावनी,
जो दिख रही मनभावनी,

ये बरस जाये अतः जलदों को पड़ेगा बाँधना।
मैं क्यों करूँ आराधना॥

पर्वतों की प्रीति प्यासी,
घाटियों में भी उदासी,

वर्ति सी सिकुड़ती फसलें,
खेत में उजड़ती फसलें,

शीत में भी नीड़ सूने,
झील के हर तीर सूने,

व्योम में भटकी मराली दिशि मिली अविराम ना।
मैं क्यों करूँ आराधना॥

चातकी का कण्ठ सूखा,
वनमृगी का उदर भूखा,

मंजरी मुरझा रही है,
षड्पदी अकुला रही है,

तरणि भँवरों संग नाची,
सब गया, क्या बचा बाकी,

चंद साँसों के लिए किसकी करे मन साधना।
मैं क्यों करूँ आराधना॥

अब नहीं छायांक आना

अब नहीं छायांक आना।

तू तभी दिखता मनोहर।
हृदयहारी रे कलाधर॥

झाँड़ियों से मुस्कराता।
रूप छन-छन पास आता॥

किन्तु जब घन-मुक्त नभ में।
चढ़ी वय के आवरण में॥

कभी हठकर आ धमकता।
चन्द्रलेखा संग चमकता॥

रातरानी होश खोती।
कभी प्रमुदित कभी रोती॥

अंक में ले हरसिंगारों को उसे पड़ता मनाना।
अब नहीं छायांक आना॥

जलधि की उत्ताल लहरें।
चाहतीं तू निकट ठहरे॥

नेह से अभिसिक्त कर दें।
अर्श की हर रिक्ति भर दें॥

दार्दुर का नाद करती।
तनुभवा उसकी विचरती॥

दिग्वधू लज्जा समेटे।
चाहती भर अंक भेंटे॥

हर निकष पर उन्हें कसता।
योगगामी बन विचरता॥

किस युगान्तर में मिलेगा यह तुझे होगा बताना।
अब नहीं छायांक आना॥

छायांक-चन्द्र

क्या ऐसी भी ऋतु आती है

क्या ऐसी भी ऋतु आती है।

भूले-बिसरे सम्वाद लिए,
कुछ मधुर पलों की साध लिए,
जन्मों से बिछुड़ी सखी, अचानक
मिलकर हाथ छुड़ाती है।

क्या ऐसी भी ऋतु आती है।

बीज में समाया प्राण डाल,
आँखों से अंकुर को सँभाल,
मालिनी रोपकर पौधे को
जल देने में सकुचाती है।

क्या ऐसी भी ऋतु आती है।

धरती का हृदय जुड़ाऊँगी,
प्यासों की प्यास बुझाऊँगी,
पर लिए नेहजल सावन
बदली उमड़-उमड़ रह जाती है।

क्या ऐसी भी ऋतु आती है।

सुख स्वप्न सँजो पंखुड़ी चूम,
फूल के चतुर्दिक् घूम-घूम,
अरविन्दकोश में बन्द भ्रमर
की भ्रमरी प्राण गँवाती है।

क्या ऐसी भी ऋतु आती है।

किंचित् न कभी मैं काँपूँगी,
लघुगगन परों से नापूँगी,
बाजिनी बया से भयाक्रान्त
हो निज चेतना गँवाती है।

क्या ऐसी भी ऋतु आती है।

दोनों की है तासीर अलग,
है रूप धार तस्वीर अलग,
पर पवन पूर्वी पछुवा संग
इक छाँव तले निरताती है।

क्या ऐसी भी ऋतु आती हैं।

तनतन्त्र विफल हो जातें हैं,
जब मधुप्याले टकराते हैं,
प्रत्यंग-अंग शैथिल्य भरे
जब सुरा विवेक जगाती है।

क्या ऐसी भी ऋतु आती है।

चढ़ती वय में धुर रहे तपी,
साधक आराधक घोर यती,
लेकिन वयान्त में ऋषियों
के उर को उर्वशियाँ भाती है।

क्या ऐसी भी ऋतु आती है।

वयान्तः-आयु का अंतिम पड़ाव

चन्दन सजे, चीवर सजे

मोहछल के आवरण से हुआ यदि आवृत्त जीवन,
चैन आ सकता नहीं चन्दन सजे, चीवर सजे।

क्षर बिना जाने हुए ही अक्षरों की ओर धाये।
चित्रपट के कुछ सलोने दृश्य मन को बहुत भाये॥
मनन चिन्तन श्रवण की परिपाटियों की प्रीति लूटी,
शब्द के प्रति साधना अन्वेषणों की रीति छूटी॥

विश्व ग्रन्थों को सटाकर, मध्य में आसन लगाकर,
ज्ञान पा सकते नहीं गीता पढ़े, इलियड पढ़े।
चैन आ सकता नहीं चन्दन सजे, चीवर सजे॥

गहा जब गार्हस्थ जीवन पंच ऋण से मुक्ति पाने।
माँ पिता परिवार का पालन व शिशुओं को पढ़ाने॥
किन्तु श्रमसीकर बहाकर अर्थसंचय कर न पाये।
धूप की आभा न देखी सुरा है सुधिबुधि भुलाये॥

वसन शोभा दे न पाएँगे न श्रीयुत देह होगी,
व्यर्थ मंजूषा भरी, मलमल धरे, रेशम धरे।
चैन आ सकता नहीं चन्दन सजे, चीवर सजे॥

रखे जब संन्यास में पग भाल में टीका लगाकर।
और शुचि गैरेय पहने दण्ड को कर में सजाकर॥

पर्णमूलों से घिरे थे किन्तु षड् रस याद आये।
मौन धारण किया लेकिन सत्य की गरिमा भुलाये॥

जब अनृत् ऋत् को परखना ही न आया इस धरणि में,
मुक्ति पा सकते नहीं कुल को तजे, खुद को तजे।
चैन आ सकता नहीं चन्दन सजे, चीवर सजे॥

मेरे हिस्से में विष आया

मैं अनजान नहीं थी पर अनजान बने रहने में सुख था,
कब इसको स्वीकार सकी मैं, मेरे हिस्से में विष आया।

वह मेरे हृत्तल में बैठे उन बिन वृथा साँस का आना।
उनकी चितवन मेरी स्वीकृति उनका दुःख मेरा कलपाना॥
पर उनके रग-रग में छल ही छल जब से छलका पाया है,
किंकर्तव्यविमूढ़ हो गयी मतिचातुर्य सभी भरमाया।
कब इसको स्वीकार सकी मैं, मेरे हिस्से में विष आया॥

कलियाँ नोंची वृन्त बिखेरे, शाखों पर बाजों का पहरा।
हर कोपल पर उनका ही हक़, जीवन लगता ठहरा-ठहरा॥
सिकुड़ा-सिकुड़ा रजनीगन्धा, बेले की कलियाँ मुरझांइं,
साक्षी महक रातरानी की, मेरा अन्तस् अति अकुलाया।
कब इसको स्वीकार सकी मैं, मेरे हिस्से में विष आया॥

इतना सब कुछ सह लेते पर बन्द हुई कोकिल की तानें।
और रुक गए थिरक रहे पग, सहमें मोर लगे कलपाने॥
चातक चीखा, लाल रो पड़े, गौरैया की आँखें सूनी,
पा न सकी जीवन में किंचित् जिसकी ओर हृदय यह धाया।
कब इसको स्वीकार सकी मैं, मेरे हिस्से में विष आया॥

जिस जल से प्राणों का संगम कल-कल छलकाता जीवन रस।
मुक्तदान देता वसुधा को अम्बर का यह अम्बुद बरबस॥
जीवनदाता ही जब जीवन ले तब मन को यही सूझता,
क्यों न मोड़ दूँ धारा का रुख जिसमें बही व स्वेद बहाया।
कब इसको स्वीकार सकी मैं, मेरे हिस्से में विष आया॥

पथिक यहाँ विश्राम न करना

पथिक यहाँ विश्राम न करना।

यहाँ किसी की माला टूटी।
यहाँ किसी की संगिनि रूठी॥
संगिनि की टूटी माला के
मनकों से खिलवाड़ न करना।
पथिक यहाँ विश्राम न करना॥ (सिया-राम)

यहाँ किसी के स्वप्न पले थे।
नयनों ने दो नयन छले थे॥
छले नयन में पले स्वप्न का,
मीत कहीं तुम दाम न करना।
पथिक यहाँ विश्राम न करना॥ (पुरुरवा-उर्वशी)

यहाँ किसी का बचपन खेला।
सिहर-सिहर कर पावस झेला॥
पावस में सिहरे बचपन की,
बदली को बदनाम न करना।
पथिक यहाँ विश्राम न करना॥ (राधा-कृष्ण)

यहाँ किसी का शाप तिरा था।
ऊँगली का श्रृंगार गिरा था॥
ऊँगली के श्रृंगार शाप के
मध्य प्रीति की शाम न करना।
पथिक यहाँ विश्राम न करना॥ (शकुन्तला-दुष्यंत)

यहाँ पल्लवित चीड़ घना था।
उसी चीड़ में नीड़ बना था॥
घने चीड़ में बने नीड़ की,
पली आस बेनाम न करना।
पथिक यहाँ विश्राम न करना॥ (विधु-प्रभा)

तेरा ही वैभव ऋतुमाली

तेरा ही वैभव ऋतुमाली।

प्राची में लेकर इन्द्रधनुष
निखरा सूरज बिखरा पराग।
रक्तिम मधूक पल्लवगण ने
वन बीच लगा दी राग-आग॥
लतिकाओं ने उसको मीठी
फिर आज सुना डाली गाली।
तेरा ही वैभव ऋतुमाली॥

उल्लासभरी कामिनियों के
झनके नूपुर छनके पायल।
रजनीगन्धा की छाँव तले
योगी अश्वत्थ हुए घायल॥
नत हुई सखे डाली-डाली
साधना पक्षभर तक टाली।
तेरा ही वैभव ऋतुमाली॥

गुनगुना उठे फिर चंचरीक
महके कदम्ब, बहके रसाल।
अरुणोदय की अरुणाभा ने
कर दिए उषा के गाल-लाल॥
हँस रहे चना देकर ताली॥
खनखना उठीं मधु की प्याली।
तेरा ही वैभव ऋतुमाली॥

इस तरह देखो न चातक

इस तरह देखो न चातक।

इस जलद के हृदय की
जलराशि सारी जम गयी है।
और इसकी सहचरी पूर्वी
पवन भी थम गयी है॥
ज्योतिपुंज समेट चपला
तापसी-सी श्वेतवसना
सान्ध्य पूजन हित क्षितिज
पर शान्त होकर रम गयी है॥

आ सकेगी क्यों कहो फिर
बूँद एकाकी धरा तक।
इस तरह देखो न चातक॥

झिल्लियों की झनझनाहट
खो गयी, विस्मित मयूरी।
दादुरों के आल्हखण्डों
की रही गाथा अधूरी॥
मेघ के बिन नृत्य गायन
और वादन की कलाएँ
हो गयीं उल्लास हीना,
रह गयीं साधें अधूरी॥

दरस देकर भी न बरसा
तो लगेगा घोर पातक।
इस तरह देखो न चातक॥

पुरुरवा! उर्वशी छली गयी

पुरुरवा! उर्वशी छली गयी।

तूणीर तुम्हारा खाली है,
तलवार न गयी सँभाली है।
हस्तिनापुरी के सूर्य बता,
कैसे करता रखवाली है॥
उपवन से चम्पा कली गयी।
पुरुरवा उर्वशी छली गयी॥

तैयार करो दल–बल अपना,
हो जाए न ज्योतिपुंज सपना।
हे वीर तुम्हारे पौरुष के,
आगे होगा उनको कँपना।
ढूँढ़ो–ढूँढ़ो किस गली गयी।
पुरुरवा उर्वशी छली गयी॥

मेघों के स्यन्दन पर चढ़कर,
हे वीर पुरुष आगे बढ़कर।
सारथी बनाकर मघवा को,
निर्भीकमना हो तू रणकर॥
कांचनी छलकती चली गयी।
पुरुरवा! उर्वशी छली गयी॥

स्यन्दन–रथ

बन्धु! यह उद्यान किसका

बन्धु! यह उद्यान किसका।

नए पुष्पाभरण से है सजी यह वल्लरी वनिता।
छलछलाकर उछलती है रजतराशि समेट सरिता॥
मनोकामिनि श्वेत सुमनांजलि लिए फिर विहँसती है॥
अस्त होते चन्द्र की आभा यहाँ पर निखरती है॥
बन्द होती रातरानी कर रही सन्धान जिसका।
पथिक! यह उद्यान उसका॥

सान्ध्यवेला में सखी घृतदीप नित कर में सजाए।
चाँद तारों के दिये उस दीप के आगे लजाए॥
भाल पर कुंकुम लगाए आ रही नूपुर बजाती।
प्रार्थना के गीत गाती बैठकर तुलसी मनाती॥
मोर कोकिल शान्त होकर सुन रहे कलगान जिसका।
पथिक! यह उद्यान उसका॥

मानिनी मैं मानसर की

मानिनी मैं मानसर की।
नैन निंदियारे न खुलते थे, भ्रमर ने आ जगाया।
मधुर स्वर में गुनगुनाकर भोर का वैभव बताया॥
नए अरुणारे कमल की अधखुली सी पाँखुरी ने,
सद्य विकसित कमलद्वय से प्रात अभिनन्दन कराया।
देखकर प्रासादयुत लालित्य वामा आँख फड़की।
मानिनी मैं मानसर की॥

प्रात की प्रथमा किरण ने भाल में कुमकुम लगाकर।
पन्नगों का मुकुट लाकर नेह से उसको सजाकर॥
स्वर्णराशि बिखेर पथ पर नीर-क्रीड़ा चाह पाले,
वीचि राजमराल सँग आई जरा-सा मुस्कराकर।
मैं विदग्धा शान्त मन से जान उनके भाव हरषी।
मानिनी मैं मानसर की॥

हिम पिघलने लगी सर में गुनगुनी सी धूप आई।
उष्णताकामी नगों की प्रीति पिघली छलछलाई।
और जब डुबकी लगाई फड़फड़ाकर पंखद्वय को,
सामने पाकर मदन को रत नजर से रति लजाई।
याचना स्वीकार कर ली प्रणययाची विहगवर की।
मानिनी मैं मानसर की॥

उषारानी

उठो आई उषारानी।
चल पड़ी है कन्दराओं की दिशा में तिमिर सेना।
मन्द आभा उडुगणों की पीर क्रौंचों की रहे ना॥
लहलहाये दूब के तृण, चमक आए ओस के कण,
अब सखी दिखने लगी है धरा की चूनरी धानी।
उठो आई उषारानी॥

जलपटल पर खुल रहे हैं नव नवल ये कमल के दल।
धुल रहे हैं कदलि शीशम नीम बरगद और पीपल॥
पिकी का संगीत प्यारा, आम्रकुंजों ने निहारा,
छा गयी मादक मधूकों के कपोलों पर रवानी।
उठो आई उषारानी॥

जा चुकी महरी जगाकर गा रहे जागरण भँवरे।
छपछपाकर ताल देतीं सरित् की उत्ताल लहरें॥
नयन खोलो अब न लेटो, अर्क को भर अंक भेंटो,
सप्त अश्वों का रथी है सरल लेकिन महामानी।
उठो आई उषारानी॥

इस रसा के श्रृंगार तुम

इस रसा के श्रृंगार तुम।

जब खिलोगी, नव ज्योत्स्ने!
अभिसिक्त होंगे वन घने,
तब मना लेगी रातरानी,
मीत सारे अनमने।

सखि, मुस्कराती सी निशा
की शान्त होगी हर दिशा
जलभरे होंगे जलाशय
पर अमिट होगी तृषा।

तब करो सबके हृदय में
मलय का संचार तुम।
इस रसा के श्रृंगार तुम॥

इस जिन्दगी के रम्य पथ,
कटु कंटकों से गए नथ,
रहीं मुरझा प्राण वल्लरियाँ,
हुई यह कली भी श्लथ।

पर तुम्हारा चहचहाना,
शौर्य से पर फड़फड़ाना,

नए नभ में नई गति से
नई राहों को सुझाना।

सिद्ध करता सत्य ही
मधुकोश के रखवार तुम।
इस रसा के शृंगार तुम॥

जो भी मिला हारा मिला

इस तिक्त जीवन राह में
जो भी मिला हारा मिला।

जब-जब चरम पर प्यास थी,
संदिग्ध जीवन-आस थी,
निर्झर न नदिया पास थी,
हर साँस-साँस निराश थी,

तब प्राण रक्षा के लिए
जल सिन्धु का खारा मिला।
जो भी मिला हारा मिला॥

शर्वर घिरा चहुँ ओर था,
भीगा क्षितिज का छोर था,
अति शान्त भ्रान्त चकोर था,
वल्गुलकुलों का शोर था,

तब मार्गदर्शन के लिए,
टूटा हुआ तारा मिला।
जो भी मिला हारा मिला॥

जब शुष्क प्राण–पराग था,
प्रतिनव न जीवन फाग था,
बिखरा हुआ हर राग था,
विलपन विवर्तन भाग था,

तब कष्ट के परिहार को,
जग क्लेश का मारा मिला।
जो भी मिला हारा मिला॥

वल्गुल–बगुला

मत हार ले उपहार में

मत हार ले उपहार में।
इस हार में अनुराग के कुछ पुष्प अनगूँथे रहे।
गुज़रा पवन न समीप से कर म्लान मन चूते रहे॥
जब साधना पूरी हुई आया परीक्षाकाल तो,
निष्ठुर अँगूठा माँग बैठे शीश को छूते रहे।
था इस तरह का भी चलन गुरु शिष्य के व्यवहार में।
मत हार ले उपहार में॥

उद्यान से माली गया ऐसी कुटिल की वंचना।
छल से बनाए दुर्ग सातों, प्रीति छलकी रंच ना।
भद्रातनय से हार बैठे पितृगुरु चाचा पितामह,
एक वीर किशोर को मारा दिखा नयपन्थ ना।
देखा अनूठा संगमन् अभिमन्यु के संहार में।
मत हार ले उपहार में॥

माँ ने कहा सुन तात प्रभु की गोद पितु से भी बड़ी।
कोई उतारेगा नहीं, तू साधना करना कड़ी॥
आदेश माँ का मानकर श्रद्धा सहित ले चरण रज,
ध्रुव को गहन कान्तार में ध्रुव साधना करनी पड़ी।
ज्योनार थी न बहार थी न दुलार ईश पुकार में।
मत हार ले उपहार में॥

थे रोम-रोम बिंधे हुए उनके हृदय में वास था।
कण-कण समाए थे सखी तृण-तृण उन्हीं का दास था।
जब से गए लौटे नहीं वीरान बरसाना हुआ,
कोई बता दे मीत कितना दीर्घ कृष्ण-प्रवास था।
छीजा हृदय भीगे वसन नयनाश्रु की बौछार में।
मत हार ले उपहार में॥

गूँजे गिरा दुःखहारिणी

मन चल जहाँ पर बुद्ध की,
गूँजे गिरा दुःखहारिणी।

तन पर रुचिर काषाय हो,
जो शील का पर्याय हो।
त्रयतापहारिणि दृष्टि हो,
तृष्णा सदा निरुपाय हो॥

मन चल जहाँ की प्रात हो,
आनन्द आशाकारिणी।
मन चल जहाँ पर बुद्ध की
गूँजे गिरा दुःखहारिणी॥

अंजलि भरी हो मधुकरी,
नभ जाह्नवी हो तमहरी,
हो दूर परिग्रह मोह से,
मेरी सदा मानस तरी,

मन चल जहाँ की शाम हो,
सुखकारिणी मनहारिणी।
मन चल जहाँ पर बुद्ध की,
गूँजे गिरा दुःखहारिणी॥

निर्द्वन्द्व मृग व मराल हों,
सरिता तरंगित ताल हों।
सन्तोष करुणा प्रीति से,
उन्नत सभी के भाल हों।

मन चल जहाँ की रात हो,
निर्भंग निद्राकारिणी।
मन चल जहाँ पर बुद्ध की,
गूँजे गिरा दु:खहरिणी॥

बदली मुझसे रूठ गयी है

दरवाजे पर हाथ टिकाकर तुमने जो बारिश देखी थी,
वही नयन सुख देने वाली बदली मुझसे गयी रूठ है।

वरुण तुम्हारी बदली मेरे कानों में कुछ कह जाती है,
जीने का विश्वास दिलाकर जीवन की कुछ कीमत जानो।

बरसाती बूँदों सा जीवन कभी मधुर है कभी तिक्त है,
इसे देख जीने की आशा आती, कभी चली जाती है।

बड़े नेह से तुम्हें बुलाया था सावन, तुम आये भी थे,
बूँदों-बूँदों में जीवन ले लोगे ऐसा भान नहीं था।

सावन अब तो तेरे आने से भी मुझको डर लगता है,
पता नहीं कब बिजली टूटे, जीवन की गति ही थम जाए।

तेरी बूँदों से तो मेरे श्रम सीकर ही बहुत भले हैं,
गौरैया का नीड़ भीगता उनसे, इनसे ठण्डक मिलती।

धाराधर तेरे दर्शन से मेरा हृदय काँप जाता है,
पता नहीं तू कब फट जाए, नीड़ बहा ले जाये मेरा।

(केदारनाथ त्रासदी के समय)

महाटवी में विदग्ध दमयन्ती

मानसर है खो गया सखि परविहीना हंसिनी मैं।
पंगु भाषा शब्द अक्षम भावहीना रागिनी मैं॥

विहग सब निज नीड़ लौटे घिर रही है सान्ध्यवेला।
फेर ली आँखें समय ने जा रहा दिनकर अकेला॥
चन्द्र-उडु से हीन मेघाच्छन्न नभ की यामिनी मैं।
पंगु भाषा शब्द अक्षम भावहीना रागिनी मैं॥

नीर-क्षीर विवेक वाले वंश की मैं सुकृति सरला।
रागद्वेष विहीन वट की मैं जटा अवधूत अमला॥
यज्ञ समिधा की सुलगती अनलरूपी दामिनी मैं।
पंगु भाषा शब्द अक्षम भावहीना रागिनी मैं॥

क्यों करूँ विनती पवन से दया ही शुचि दीठ माँगूँ।
चंचु सूखी प्राण विह्वल मेघ से क्यों भीख माँगूँ॥
याचना को कर न फैले रही ऐसी मानिनी मैं।
पंगु भाषा शब्द अक्षम भावहीना रागिनी मैं॥

(महाटवी में विदग्ध दमयन्ती)

पथिक पथ पर दृष्टि डालो

पथिक पथ पर दृष्टि डालो।
कई सदियों से तुम्हारी पीढ़ियाँ जिस पर चली हैं।
और जिनके चरण चिह्नों से रगड़ गलियाँ बनी हैं॥
खेत में भी लहू जिनका बन पसीना लहलहाया।
जो स्वयं लुटते रहे हैं भाग्य औरों का बनाया॥
किन्तु अब अपनी विरासत तुम सजग होकर सँभालो।
पथिक पथ पर दृष्टि डालो॥

मुट्ठियाँ अपनी कसो ये दैव कुछ देगा नहीं।
विरत कर्मों से हुए तो भाग्य बदलेगा नहीं॥
स्वर्ग की काल्पनिक निधियाँ राह की सित श्रृंखला हैं।
शाप-वर की जो कथाएँ सुन तुम्हारा तन ढला है॥
त्याग वह अज्ञान कारा ज्ञान सरवर में नहा लो।
पथिक पथ पर दृष्टि डालो॥

और ये सुकुमार बच्चे दीनता जिनकी धरोहर।
धूल में कुम्हला रही हैं जो मृदुल छवियाँ मनोहर॥
पौष्टिक आहार क्या होता न अबतक जान पाए।
इस जगत् के मुक्तिपथ अक्षर न इनकी ओर धाए॥
जरा के इन मुक्तिदूतों को सखे अब तो पढ़ा लो।
पथिक पथ पर दृष्टि डालो॥

नयनों के ये कैसे किस्से

रण में न बिंधे थे अरिशर से।
जो चंचल थे खंजन मृग से॥
क्या हुआ आज ये हार गए,
बह रहे अश्रु क्यों निर्झर से।
उर्वशी तुम्हारी विरह अग्नि
में वीर पुरुरवा फिर झुलसे।
नयनों के ये कैसे किस्से॥

सम्राटों के अधिकारी थे।
प्रासादों के अभिसारी थे॥
सुख का व्यापार न कर पाए,
करुणा धन के व्यापारी थे।
तृष्णा व्यामोह मिटाने को
योगी बनवाकर ही हुलसे।
नयनों के ये कैसे किस्से॥

उस पुण्य तपोमय धरती पर।
हस्तिनापुरी के वीर प्रवर
ने देखी जब लावण्य मूर्ति
मन का मनसिज हो गया मुखर।
रौद्र को छोड़ शृंगार धार
मेनकासुता को पा पुलके।
नयनों के ये कैसे किस्से॥

राही निर्झर क्या गाता है

राही निर्झर क्या गाता है

यामा में भी कल–कल करता,
कंकड़ियों का नूपुर बजता,
रजतबिन्दुओं से पथ सजता,
दूर्वादल को सरसाता है।
राही निर्झर क्या गाता है॥

इसका हर–हर नाद हृदयहर,
इसके ये आमन्त्रण के स्वर,
खिंच आते परियाँ किन्नर नर,
मन ही मन में हर्षाता है।
राही निर्झर क्या गाता है॥

यह झीलों के घर का बेटा,
गति पाई है कभी न लेटा,
नदिया से भर बाँहें भेंटा,
तेरा इससे क्या नाता है।
राही निर्झर क्या गाता है॥

हम सिन्धु सभ्यता के वाहक

हम सिन्धु सभ्यता के वाहक गौरव न हमारा ढला कभी।
हममें भी जीवन पला कभी॥

इन टूटी हुई भित्तियों के कोणों का तुम आकलन करो।
पाशुपत मातृदेवि की मूर्तियाँ देखो, उनको नमन करो।
माणिक्य मृदा के मनकों की मंजुल माधुरी पुकार रही।
मृण्मयी और काँच की मूर्तियों की ध्वनियाँ गुंजार रहीं॥
कांस्य की नृत्यरत नारी का श्रृंगार यही बतलाता है,
जीवन्त जिन्दगी जीने की हम जान चुके थे कला सभी।
हममें भी जीवन पला कभी॥

ये ताम्रवाण बतलाते हैं हम लक्ष्य भेद धनुधारी थे।
सज्जित ईंटों के हवनकुण्ड कहते हम सद आचारी थे॥
हम शस्य श्यामला रक्षक थे यह अन्नागार पुकार रहा।
रावी की लहरों के समीप गेहूँ जौ पर अधिकार रहा॥
कालीबंगा के सिलबट्टों का मौन यही बतलाता है,
उस स्वाद पारखी रसना पर कंगन का जादू चला कभी।
हममें भी जीवन पला कभी॥

मेसोपोटामिया और मिस्त्र से लोथल का व्यापार रहा।
सैन्धव मुहरों का सेलखड़ी में भिन्न-भिन्न आकार रहा॥
लिपि रही हमारी चित्रात्मक जिसको न अभी तुम पड़ पाये।
वाणिज्य शिल्प कृषि पशुपालन सूती कपड़े हमको भाये॥
प्रेयसियों के कामनाभरे पत्रों का स्वागत किया किन्तु,
धौलावीरा के टीलों पर हमने न किसी को छला कभी।
हममें भी जीवन पला कभी॥

हमने निजभाषा में निगूढ़ अनुभव की गाथा गाई है।
मूर्तियाँ बनाईं रंगभरे बहुकथ्य कला दर्शाई है॥
झूकर झाकड़ संस्कृतियों के हम वाहक हैं यह भी जानो।
विकसित विचार वाले समाज का अग्रदूत हमको मानो॥
हम आदिप्रयोगी रहे अनल के लेकिन इतना ध्यान रखा,
ताप का सही उपयोग किया हमसे न पड़ोसी जला कभी।
हममें भी जीवन पला कभी॥

मध्यम पथ ही सबको तारे

भोगवाद में बड़े क्लेश हैं, अति विराग में भी दुःख प्यारे॥
करुणासागर बुद्ध कह गए मध्यम पथ ही सबको तारे॥

सकल सुखों को, मानव जीवन के न कौन पाना चाहेगा।
भौतिकता के मर्यादित पथ पर न कौन जाना चाहेगा॥
कौन चाहता है सारे प्रिय उसके आगे गत हो जाएँ॥
वीथी-वीथी माँग मधुकरी दुर्जन के आरत हो जाएँ॥
पर इसके हित अपनी जीवन शैली हमें बदलनी होगी,
जब सबको सुख दे पाएँगे, तभी मिलेंगे हमें सहारे।
करुणासागर बुद्ध कह गए, मध्यम पथ ही सबको तारे॥

रोटी बेटी की चिन्ता निर्धन को नित्य गलाती है।
झाँक रहीं दरकी दीवारें किसको नहीं रुलाती हैं॥
और टपकती छत छाती को छीज रही है भार बढ़ा।
देख दूसरे का दुःख लेकिन नहीं कोश से टका कढ़ा॥
जाग्रतसुप्तावस्था वाले जीवों को किस भाँति बताएँ,
वित्त बिना संसार दुःखमय, अधिक वित्त नैतिकता मारे।
करुणासागर बुद्ध कह गए, मध्यम पथ ही सबको तारे॥

अनावृष्टि में अन्न न उपजे, बिन धारा धाराधर आते।
अधिक वृष्टि में अगणित जीवों को पर निःसंकोच बहाते॥
गर्म थपेड़े जीवन लेते छाया भी है प्राण कँपाती।
रेंग रही गति रास न आती, यांत्रिकता जीवन थर्राती॥

मान और यश बिना जिन्दगी होती व्यर्थ सदा ही लेकिन,
कम में पाने की आतुरता अति समाज से करता न्यारे।
करुणासागर बुद्ध कह गए, मध्यम पथ ही सबको तारे॥

कोकिल! वसन्त से कह देना

कोकिल, वसन्त से कह देना।
पुलवामा से इस बार रिक्त ताबूत घरों में आये हैं।
इस बार लोथड़े वीरों के एकत्र नहीं कर पाये हैं॥
उन अप्रतिम वीर शहीदों की झलकें हम देख न पाये हैं।
इस बार फिदायीनी हमले ने प्राण-प्राण कलपाये हैं॥
इस बार किसी ने छल करके उनका शोणित छलकाया है।
इस बार तिरंगा रक्तरंगा आँगन में मेरे आया है॥
अब रक्षासूत्र लुटेरों से निबटेगी भारत की सेना।
कोकिल! वसन्त से कह देना॥

इस सतरंगी तितली से कह इस बार न यहाँ दिखाई दे।
कज्जल की तरह कलूटे भँवरे का गुंजन न सुनाई दे॥
तेरा भी मंजरियों में छिपकर गीत सुनाई दे न कहीं।
चातक से कहना शान्त रहे पिउ पिउ की रटन लगाये नहीं॥
इस बार प्रिया की लाजभरी चूनर पर ख़ूनी छींटे हैं।
पुत्रों को देकर के मुखाग्नि, घर वाले मर-मर जीते हैं॥
चेतनाशून्य ललनाओं की सारी पीड़ाएँ हर लेना।
कोकिल! वसन्त से कह देना॥

कहना मलयानिल से उसका स्वागत न यहाँ हो पायेगा।
सूनी गलियाँ आँखें अम्बर, अब कौन धमार सुनायेगा॥
ऋतुपति के शृंगारों, वैभव की अब समाज को चाह नहीं।
रंग और गुलाल खेलने का अब शेष रहा उत्साह नहीं॥

सब ठहर गए उल्लास वसन्ती, फागुन से जाकर कह दे।
इस बार न ढोलक गूँजेगी, मारू बाजे से कह, सुन ले॥
घर के तक्षकों बाह्यरिपुओं से है, हमको बदला लेना।
कोकिल! वसन्त से कह देना॥

जीवन्तता बनाये रखिये

आया फागुन सँग आतप में फसलें पकी पीतिमा फैली।
बाली-बाली लहरें खाती, टकरा जीवन के गुण गाती॥
दानों के गानों का यद्यपि हर्ष उमंग रिझाता सबको,
मनआँगन के किसी छोर में हरीतिमा फैलाये रखिये।
जीवन्तता बनाये रखिये॥

धूलभरी आँधी का मौसम बीता नभ में बादल उमड़े।
सानुराग हर कली निहारे मोर नाचकर गली बुहारे॥
बूँदों के गिरने से सखि री भीग-भीग जाता हर कोना,
गूँज सके किलकारी घर में, इक चैपाल सुखाये रखिये।
जीवन्तता बनाये रखिये॥

शीत समीरण के चलने से वन्यों में चुप्पी सी छाई।
थमी-थमी फुनगी पर शबनम, जमा-जमा सा ये बादलमन॥
ठहर न जाएँ किसी जीव की साँसें ठहरी-सी इस ऋतु में,
बना रहे मन प्राण गुनगुना, आग जरा सुलगाये रखिये।
जीवन्तता बनाये रखिये॥

हर्ष विषादों का संगम हैं प्रतिपल आती-जाती साँसें।
कभी कनक की कांचन छाया में भी वेध-वेध विष आया,
डूब न जाये अवसादों में मानव-जीवन की अमूल्य निधि,
सारेगा के सप्त स्वरों से हृदयों को हुलसाये रखिये।
जीवन्तता बनाये रखिये॥ ❑❑❑